Dedicação: A minhas princesas

Chloe e Mia, para que vivam uma

vida digna de nosso Rei.

ST SHENOUDA PRESS
8419 Putty Rd,
Putty, NSW, 2330
Sydney, Australia

www.stshenoudapress.com

ISBN 13: 978-0-6457704-0-7

SAINT SHENOUDA PRESS

Era uma vez uma garota chamada Demiana. Ela era uma princesa, nascida de uma família real. Ela tinha tudo o que sempre quis. Qualquer coisa que ela pedisse, ela recebia. Ela tinha um quarto enorme que estava repleto de tantas coisas interessantes. Ela também adorava o grande jardim lá fora, onde passava a maior parte de seu tempo.

O pai de Demiana era cristão. Ele sempre a levava para a Igreja. Demiana se apressava para a Escola Dominical depois da Liturgia, porque gostava de ouvir o máximo que podia sobre Jesus e os santos. Demiana e seu pai liam a Bíblia juntos todas as noites. Ela sempre tinha muitas perguntas para fazer sobre as histórias.

Com o crescimento de Demiana, seu amor por Jesus aumentou cada vez mais. Ela passava muito tempo sozinha com Jesus. Ela fez isso orando, lendo a Bíblia e obedecendo aos mandamentos. Qualquer chance que ela tivesse, ela falaria sobre Jesus. Aqueles que trabalhavam em sua casa sabiam que ela era uma garota especial.

Um dia, quando ela estava crescida, seu pai veio até ela. "Demiana", disse ele, "teremos que comprar um lindo vestido branco, pois você vai se casar em breve". Mas Demiana ficou muito triste com esta notícia. "Por que você está tão triste", perguntou o pai dela. "Eu só quero me casar com meu Pai celestial, Jesus", respondeu Demiana, "Eu não quero me casar com um homem".

Seu pai tentou mudá-la de ideia. Mas ele não conseguiu. Demiana disse: "Pai, quero que você me construa um palácio no deserto". Vou passar todo o meu tempo lá com Jesus". Seu pai ficou com o coração partido. Ele também achou que era uma coisa perigosa de se fazer. Mas como ela não mudaria de ideia, ele finalmente concordou em fazer o que ela pediu.

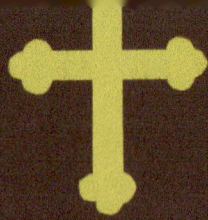

Seu pai construiu o palácio e Demiana foi morar lá. Muitas meninas começaram a ouvir falar de Demiana e foram morar com ela. Elas também queriam morar somente com Jesus. Elas ficaram conhecidas como freiras. As freiras estavam tão alegres de poder passar seu tempo em louvor, santidade e serviço. Juntas, seu amor por Jesus crescia a cada dia mais forte.

Um dia, enquanto Demiana e suas quarenta amigas moravam no palácio e louvavam a Deus, eles ouviram notícias horríveis. O perverso imperador atacou o pai de Demiana, assim como outros cristãos. O imperador ficou furioso por causa de seu amor e crença em Jesus. Muitos deles morreram, e foram chamados de mártires.

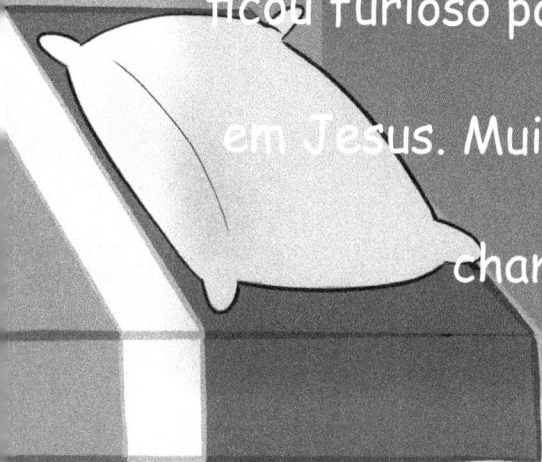

Logo o Imperador descobriu que Demiana estava vivendo com quarenta freiras no deserto. Ele ficou furioso por elas terem passado todo o tempo orando e amando Jesus. Ele ordenou que um de seus comandantes levasse cem soldados e atacasse o palácio no deserto. Os soldados fizeram a longa e cansativa viagem para o deserto.

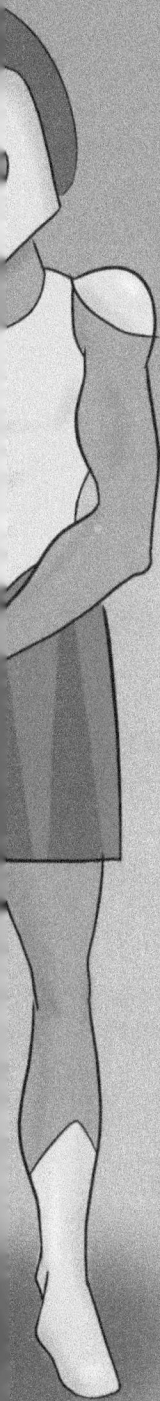

Primeiro, o Imperador tentou convencer Demiana a adorar ídolos. Mas ela recusou.

Ele tentou falar com ela sobre o quão grandes eram seus ídolos. Ela não quis ouvir, então o Imperador começou a machucá-la.

Mas toda vez que o Imperador a machucava, Demiana olhava para o céu e pedia ajuda a Deus. Sempre que ela rezava, Deus a curava.

Deus estava sempre com ela.

O imperador percebeu que não havia mais nada que pudesse fazer. Depois de tentar convencer Demiana por um longo tempo a adorar os ídolos, ele terminou com a vida terrena de Demiana. As quarenta freiras com ela também se recusaram a adorar os ídolos. Assim, o Imperador também acabou com a vida delas. Demiana e as freiras entraram na vida celestial onde se tornaram verdadeiras noivas de Jesus Cristo. A partir de então, elas seriam conhecidas como Santa Demiana e as quarenta virgens.

Goly Be Para Deus
Amém

SCAN ME

www.ingramcontent.com/pod-product-compliance
Lightning Source LLC
Chambersburg PA
CBHW081640040426
42449CB00014B/3403